Manfred Mai

# Krimigeschichten

Illustriert von Heribert Schulmeyer

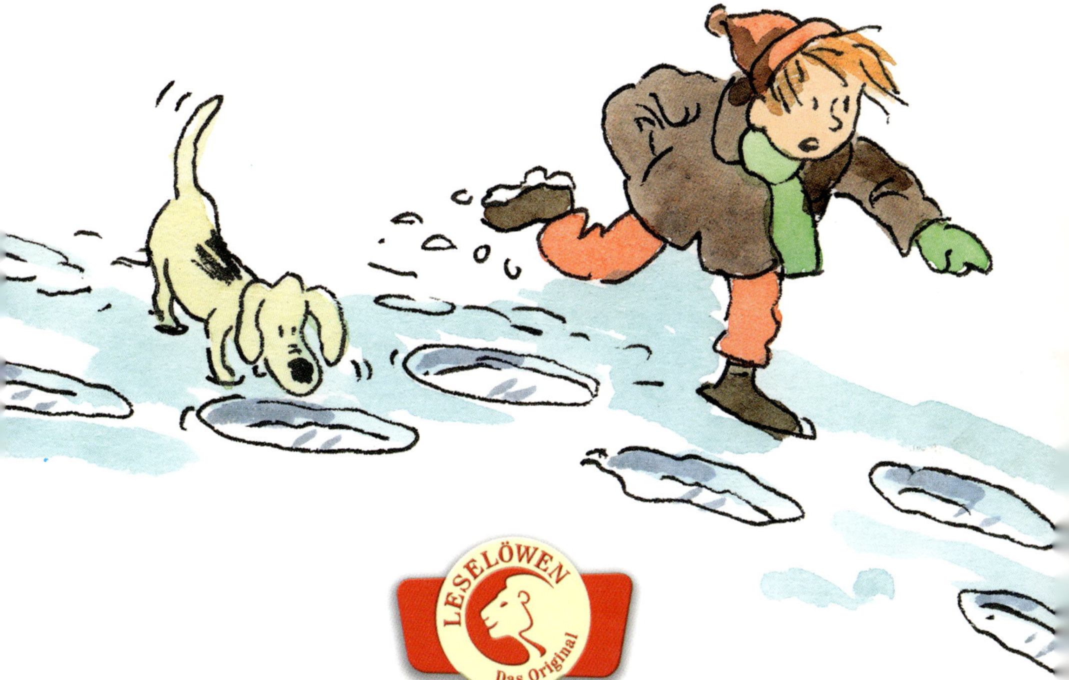

www.leseloewen.de

ISBN 978-3-7855-7035-7
1. Auflage 2012
© 2012 Loewe Verlag GmbH, Bindlach
Umschlagillustration: Heribert Schulmeyer
Reihenlogo: nach einem Entwurf
von Angelika Stubner
Printed in Italy

www.loewe-verlag.de

# Inhalt

Verfolgungsjagd . . . . . . . . . . . . . . . . . 9

David, der Junior-Kommissar . . . . . . 15

Nesrin hat aufgepasst . . . . . . . . . . . 21

Zwei Fußballprofis . . . . . . . . . . . . . . 28

Weiche Knie . . . . . . . . . . . . . . . . . . 35

Gut gemacht! . . . . . . . . . . . . . . . . . 41

Superdetektiv Clever ohne Fall . . . . . 47

Nele und die Krümelspur . . . . . . . . . 52

# Verfolgungsjagd

Marie und Jonas
sind auf dem Heimweg.
Kurz vor ihrem Haus
sehen sie einen Mann.
Er schleicht hinter
Frau Müller her.
„Komisch, was macht der da?",
fragt Marie ihren Bruder.

Da reißt der Mann Frau Müller
die Tasche aus der Hand
und läuft los.
Direkt auf Marie und Jonas zu!
Die drücken sich schnell
hinter einen Baum.
Der Dieb läuft vorbei,
ohne die beiden zu sehen.
„Los, ihm nach!",
sagt Marie.

In der nächsten Straße
geht der Dieb langsam.
Er will nicht auffallen.
„Was tun wir jetzt?",
flüstert Jonas.
„Unauffällig bleiben",
antwortet Marie.
Sie gehen weiter,
als ob nichts wäre.

Dabei lassen sie den Mann
nicht aus den Augen.
Dann holt Jonas sein Handy
aus dem Rucksack.
Er wählt die 112
und berichtet leise,
was passiert ist
und wo sie sich befinden.
Er gibt dem Mann am Telefon
noch seine Nummer.

Während sie dem Dieb folgen,

läutet das Handy.

Ein Polizist ist dran.

Jonas lotst

den Streifenwagen her.

Zwei Polizisten steigen aus.

Marie zeigt ihnen den Dieb,

der nichts bemerkt hat.

Die Polizisten nehmen ihn fest.

Der Mann gesteht
vor Schreck alles.
„Ohne euch wäre
der Dieb entwischt!",
meint der ältere Polizist.
Marie und Jonas freuen sich
über das Lob.
Und Frau Müller freut sich,
als die beiden
mit ihrer Tasche
zurückkommen.

14

# David, der Junior-Kommissar

Mama weiß, dass David gern
schwierige Fälle löst.
Deswegen bekommt er
sein Geburtstagsgeschenk
auch nicht in die Hand.
Das wäre doch zu einfach
für einen Junior-Kommissar!

David weiß, was zu tun ist:
die richtigen Fragen stellen
und sämtliche Spuren lesen.
„Wo hast du mein Geschenk
eingepackt?", fragt er.
„Auf dem Küchentisch",
antwortet Mama.
David geht los
und schaut sich um.

Rechts von der Küchentür
liegt eine Rolle Klebeband
neben dem Telefon im Flur.
Vermutlich ist Mama
mit dem Geschenk
in diese Richtung gegangen.
Vor der Wohnzimmertür
entdeckt David auf dem Boden
ein paar bunte Schnipsel.
Das kann kein Zufall sein.

David geht hinein

und prüft alles genau.

Auf dem Tisch

liegt eine Zeitung.

„Das Geheimnis

auf dem Dachboden",

lautet eine Überschrift.

Wenn das kein Hinweis ist!

18

Auf dem Dachboden
ist es düster.
Es steht jede Menge
Gerümpel herum.
Alles ist staubig –
bis auf ein weißes Tuch!
Das ist höchst verdächtig!

David zieht es hoch.
Hervor kommt ein
bunt verpacktes Geschenk.
„Ha, mir entgeht eben nichts!",
ruft David und packt aus:
einen Roboter zum Zusammenbauen
und ein spannendes neues Buch.
Natürlich ein Krimi.

# Nesrin hat aufgepasst

Sophia weint.
„Was ist denn los?",
fragt ihre Freundin Nesrin.
„Mein neuer Füller ist weg",
schnieft Sophia.
„Vor der großen Pause
war er noch im Mäppchen."
In diesem Augenblick
kommt die Lehrerin herein.

„Frau Becker! Frau Becker!",
ruft Nesrin. „Jemand hat
Sophias Füller gestohlen!"
„Langsam, langsam!",
sagt die Lehrerin.
„Such erst noch einmal
alles durch, Sophia!"
Das tut Sophia,
doch sie findet
ihren Füller nicht.

„Weiß jemand,
wo Sophias Füller ist?",
fragt Frau Becker.
Nesrin meldet sich.
„Du weißt es?",
wundert sich die Lehrerin.
„Ja … nein … ich …",
stottert Nesrin.

23

„Ich habe gesehen,
dass Paul, Hanna und Salvo
in der Pause zurück
ins Klassenzimmer
gegangen sind."
„Aha!", sagt Frau Becker
und sieht die drei fragend an.
„Ich hatte mein Pausenbrot
vergessen", sagt Hanna.

„Ich hab doch selber
einen ganz neuen Füller!",
ruft Paul.
„Seit wann?"
„Seit gestern."
Frau Becker geht zu Paul.
„Lass mich mal sehen!"
Paul gibt ihr den Füller.
„Der sieht aus wie meiner!",
ruft Sophia aufgeregt.

„Wer hat dir den gekauft?",
fragt die Lehrerin.
„Ich … äh …
ich habe ihn gefunden."
„Paul!", sagt die Lehrerin.
„Sag ehrlich, woher hast du
den Füller?"
Paul senkt den Kopf.
„Ich möchte auch mal
einen neuen Füller haben.
Ich krieg immer nur die Sachen
von meinen Geschwistern."

„Aber du darfst deswegen
doch keinen wegnehmen!",
sagt Frau Becker.
Paul nickt. Er gibt Sophia
den Füller zurück
und entschuldigt sich.
Eigentlich mag Sophia Paul.
Deswegen tut er ihr leid.
Und sie weiß auch schon,
was sie ihm
zum Geburtstag schenkt.

27

# Zwei Fußballprofis

Maxi ist heute der Erste
auf dem Bolzplatz.
Er kickt eine Weile herum
und übt seine Hackentricks.
Dann macht er eine Trinkpause.
Mann, wo bleiben denn
die anderen?

Maxi übt Elfmeterschießen.
Latte, Pfosten und Tor!
Aber auch ein Profi
muss mal pinkeln.
Maxi lässt den Ball liegen
und läuft zu den Bäumen
am unteren Rand
des Bolzplatzes.
Während er
hinter einem Baum steht,
hört er einen Hund bellen.

29

Als Maxi wieder zurückläuft,

ist sein Ball verschwunden.

Mist!

Er schaut sich um,

aber niemand ist zu sehen.

Da entdeckt er im Sand

einen Fußabdruck.

Der könnte von einem Hund sein.

Dann fällt Maxi auch
das Bellen wieder ein.
Schnell sucht er
nach anderen Pfotenabdrücken.
Plötzlich hört er
das Bellen wieder:
„Wuff, wuff!"
Und dann sieht er den Hund
hinter einer Hecke.

„Wo ist mein Ball?",
fragt Maxi.
„Wuff, wuff!",
bellt der Hund.
„Heißt das, du hast ihn?",
fragt Maxi.
„Wuff!", bellt der Hund
und legt den Kopf schief.
„Dann zeig mir, wo!"
Maxi spricht langsam.

„Wo ist der Ball?
Los, such den Ball!"
Der Hund läuft bellend
zu den Bäumen.
Maxi rennt hinterher.
Fiepend und wedelnd
wartet der Hund auf Maxi.
Der entdeckt seinen Ball
neben einem Baum.

„Du warst es also!",
sagt Maxi.
Aber er ist nicht sauer,
sondern hat eine Idee:
Der Hund darf immer
den Ball zurückholen.
Denn Maxi übt Weitschießen.

## Weiche Knie

Leonie ist mit Mama
beim Einkaufen.
In der Abteilung mit
den Spielwaren
fällt ihr ein Mädchen auf.
Sie steht lange
bei den Computerspielen,
geht weiter,
schaut sich um,
geht wieder zurück
und schaut sich wieder um.

„Die will etwas klauen!",
schießt es Leonie
durch den Kopf.
Kaum hat sie das gedacht,
greift das Mädchen
nach einem Spiel
und lässt es schnell
in ihrer Jacke verschwinden.

Leonie wird es heiß.

„Das darf die doch nicht!",

denkt sie.

Leonie weiß nicht,

was sie jetzt tun soll.

Das Mädchen geht zügig

in Richtung Ausgang.

Leonie folgt ihr

und tippt sie von hinten an.

Das Mädchen bleibt stehen,
dreht sich jedoch nicht um.
Ganz steif wirkt sie.
„Leg das Spiel
sofort wieder zurück!",
flüstert Leonie.
Jetzt dreht das Mädchen
langsam den Kopf,
sagt aber keinen Ton.
Ihr Gesicht ist knallrot.

„Los, bring es zurück!",
wiederholt Leonie.
„Sonst rufe ich
eine Verkäuferin."
Ohne ein Wort
trottet das Mädchen
zu den Spielwaren
und legt das Spiel
zurück an seinen Platz.
Dann verschwindet sie.

Leonie hat noch
ganz weiche Knie,
obwohl sie ja
gar nichts angestellt hat.
„Wie muss sich erst
das Mädchen fühlen?",
fragt sie sich.

# Gut gemacht!

„Juhu! Endlich Ferien!",
freut sich Leon.
„Ja, klatsch ab, Kumpel!",
ruft Alessio.
Sie sind im Ferienlager
und wohnen in Teil A.
Die älteren Kinder
wohnen in Teil B.
Frau Berner und Herr Staufer
sind die Betreuer.

Am dritten Tag rufen sie
die Kinder zu sich.
„Das Gruppengeld ist weg.
Es wurde
aus dem Büro gestohlen",
sagt Herr Staufer.
„Davon wollten wir
morgen den Ausflug
in den Abenteuerpark zahlen."
Leon und Alessio sehen sich
geschockt an.

„Wir klären den Fall auf,
ich will unbedingt
zu der Super-Achterbahn!",
flüstert Leon.
Sie gehen um das Haus herum
und entdecken unter
dem Bürofenster Fußspuren.
Besonders auffallend
sind zwei tiefe Abdrücke.
„Jemand hat hier
eine Räuberleiter gemacht",
vermutet Leon.

„Der andere ist durch
das Fenster eingestiegen“,
fügt Alessio hinzu.
Er holt schnell sein Handy
und macht ein Foto
von den Abdrücken.
„So große Füße
hat von uns niemand“,
stellt Leon fest.
„Dann sehen wir uns mal
die Schuhe der Großen an“,
sagt Alessio.

44

Sie schleichen in Teil B.
Vor den Zimmern
stehen viele Schuhe.
Puh, es stinkt nach Käse!
Aber Leon und Alessio
sind Profis.
Sie vergleichen die Sohlen
mit dem Handyfoto.
„Das sind sie!", sagt Leon.

Sie bringen die Schuhe

zu Herrn Staufer

und berichten ihm alles.

„Gut gemacht!", lobt er sie.

Schnell sind die Diebe gefasst

und das Geld ist wieder da.

„Achterbahn, wir kommen!",

rufen Leon und Alessio

und klatschen ab.

46

# Superdetektiv Clever ohne Fall

Seit Alexander lesen kann,
liest er am liebsten Krimis
und Detektivgeschichten.
Er wäre selbst gern Detektiv.
Superdetektiv Clever!

Gegen ihn hätten
Verbrecher keine Chance.
Bis er dafür alt genug ist,
spielt er Detektiv.
„Ich bin der Superdetektiv",
sagt Alexander zu seiner
großen Schwester Lene.
„Du musst etwas stehlen,
damit ich ermitteln kann."

Lene verdreht die Augen
und tippt sich an die Stirn.
„Super, wenn du schon weißt,
dass ich es gestohlen habe,
brauchst du doch
nicht mehr zu ermitteln."
„Aber ich kann dich verhören
und herausfinden, wo du
die Beute versteckt hast",
entgegnet Alexander.
„Ich habe aber
nichts gestohlen …"

49

„Nicht echt, nur im Spiel",

redet Alexander dazwischen.

„Auch nicht im Spiel",

sagt Lene. „Ich bin doch

kein Baby mehr!"

Sie geht aus dem Zimmer.

„Nee, aber eine blöde Kuh!",

ruft Alexander ihr hinterher.

Sonst ist niemand da,

gegen den er ermitteln könnte.

50

Missmutig trottet Alexander
in sein Zimmer
und wirft sich aufs Bett.
Nach einer Weile nimmt er
sein neues Buch:
Krimis zum Mitdenken.
Wenn er schon keinen Fall
lösen kann, dann übt er eben.
Kann nicht schaden, wenn man
Superdetektiv werden will!

# Nele und die Krümelspur

Es duftet durchs ganze Haus.
Mama hat Plätzchen gebacken.
Aber niemand will ihr
beim Verzieren helfen.
Zum Abkühlen hat Mama
die Plätzchen
neben den Herd gestellt.

Eine halbe Stunde später
fehlen einige Plätzchen.
Mama ärgert sich.
Nele kommt in die Küche.
„Hast du von den frischen
Plätzchen genascht?",
fragt Mama.
Nele schüttelt den Kopf.
„Aber ich finde den Täter!"
Sie läuft in ihr Zimmer.

Dort kramt sie die Lupe
aus ihrem Detektivkoffer.
„Was willst du denn damit?",
fragt Mama.
„Den Dieb überführen."
Nele geht ins Kinderzimmer
und untersucht Paul.
„He, was soll das?",
ruft der.

54

„Du warst es nicht",
stellt Nele fest.
„Was war ich nicht?",
fragt Paul,
erhält aber keine Antwort.
Opa ist als Nächster dran.
Nele hält ihm die Lupe
vors Gesicht und untersucht
seinen Pullover.

Opa glaubt, seine Enkelin
wolle spielen.
„Du warst es auch nicht",
sagt Nele und geht zu Papa.
Er sitzt am Computer.
Nele untersucht mit der Lupe
jeden Zentimeter Pullover.

„Nele, ich habe keine Zeit
zum Spielen", sagt er.
„Ich spiele nicht, ich löse
einen Fall", sagt Nele.
„Du hast von
den Plätzchen genascht!"
Papa wird rot.

„Wer behauptet das?"

„Ich behaupte das nicht,
ich beweise es", sagt Nele.
Sie ruft Mama und lässt sie
durch die Lupe schauen.
„Tatsächlich! Auf dem Pulli
sind noch Krümel zu sehen",
sagt Mama.

58

„Ich gestehe", murmelt Papa.
„Ich verurteile dich zum
Verzieren aller Plätzchen.
Und nicht den Zuckerguss
verschmieren!", sagt Mama streng.

**Manfred Mai** ging als Junge nicht gern zur Schule. Er spielte lieber Fußball und streifte oft mit seinen Freunden durch die Wälder um ihre Heimatgemeinde Winterlingen auf der Schwäbischen Alb. Über diese und seine späteren Erlebnisse als Lehrer und Vater hat Manfred Mai in vielen Geschichten geschrieben.

**Heribert Schulmeyer**, geboren 1954, zeichnet seit seinem 12. Lebensjahr. Nach Schule und Studium wurde er Comiczeichner und freier Künstler. Heute arbeitet er für verschiedene Verlage und für den WDR bei der „Sendung mit der Maus". Heribert Schulmeyer lebt und arbeitet in Köln.

Die Reihe *Lesepiraten* bietet viele tolle Geschichten für
Erstleser ab 7 Jahren. Die klare Textgliederung in Sinnzeilen
garantiert ein müheloses Erfassen des Inhalts und ermöglicht
so auch weniger geübten Lesern ein schnelles Erfolgserlebnis.
Zahlreiche farbige Illustrationen sorgen darüber hinaus
für ausreichend Lesepausen. Also, Schiff ahoi mit den
*Lesepiraten* – das Meer der Geschichten wartet!

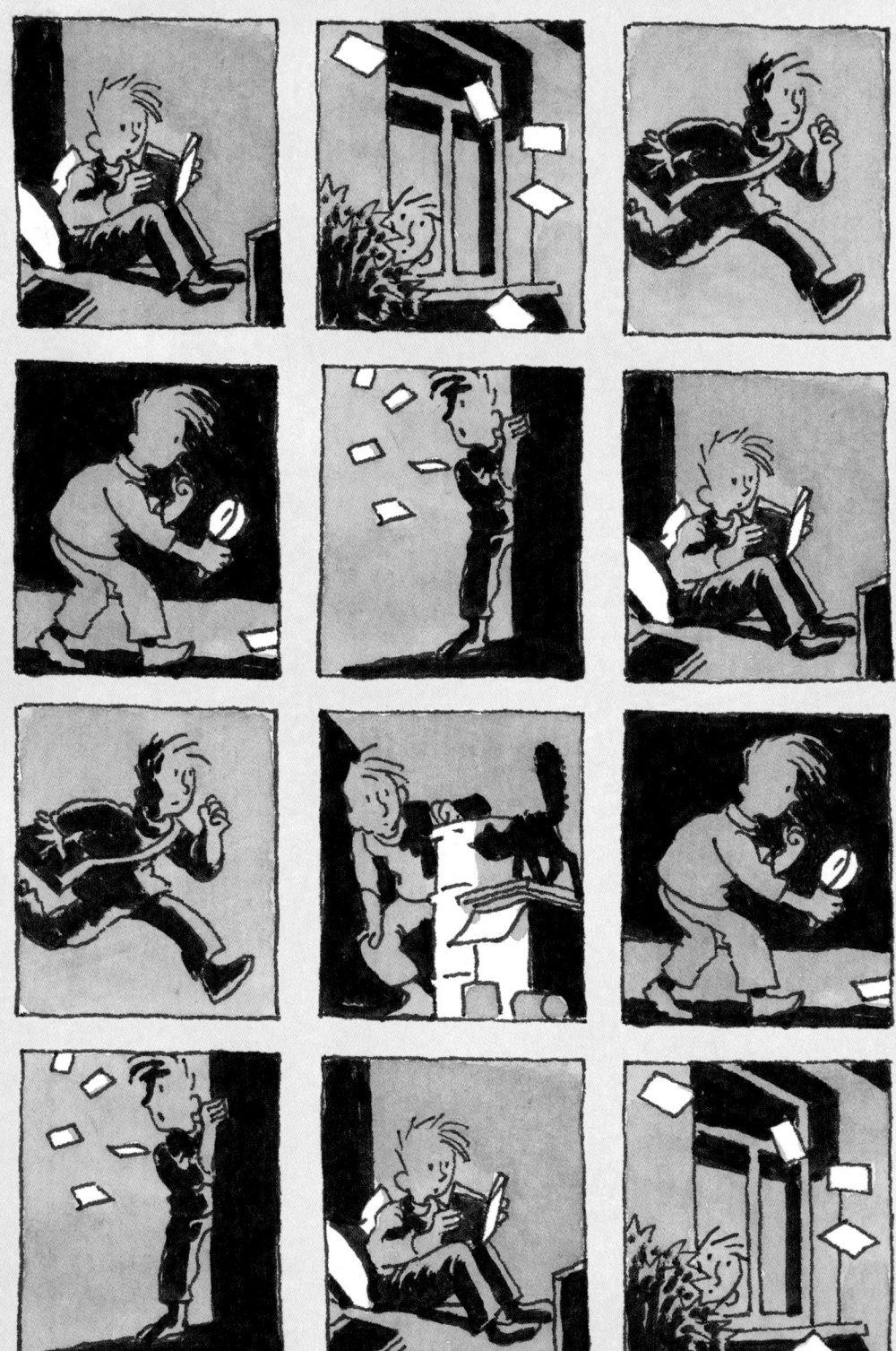